Andrea Küssner-Neubert

AF178351

Das Nähbuch für Kinder

alles von Hand genäht

CV

Inhalt

5 Vorwort

6 Kleine Nähschule

10 Blumenschmuck

12 Freundschaftsarmband

14 Schlüsselanhänger

16 Lustige Schlüsseltasche

18 Coole Jeans-Flicken

20 Monsterstarke Lesezeichen

22 Kleines Filz-Äffchen

24 Pandabär

26 Türstopper „Frosch"

28 Kühlkissen „Alles wird gut!"

30 Handyhülle „Erdbeere"

32 Erdbeersüße Tablet-Hülle

34 Brusttasche für Hundefans

36 Brusttasche „Kleine Katze"

38 Meine Stofftasche

40 Angelspiel & Wurfspiel

42 Lust auf Eis?

44 Süße Sockenhasen

46 Kunterbunte Sockeneule

48 Bunter 3D-Schmetterling

50 Nadelkissen „Kaktus"

52 Türglocke „Kunterbunte Wolke"

54 Vorlagen

62 Impressum

Näh dir was!

Hast du Lust, etwas Tolles zu nähen – ganz einfach von Hand?
Dann ist dieses Buch genau das Richtige für dich! Denn hier findest
du viele schöne Näh-Ideen. Ob Kuscheltiere, Taschen, Handy- und
Tablethüllen, Schmuck, Spiele, Geschenke oder Deko: Hier ist
garantiert etwas dabei, das dir gefallen wird!

Ich zeige dir schöne und praktische Dinge aus farbenfrohen Stoffen, bunten Bändern,
ausrangierten Socken, Waschlappen und Bastelfilz, die du mit den Schnittmustern in
Originalgröße und Schritt-für-Schritt-Fotoanleitungen ganz leicht nacharbeiten kannst.

Selbst wenn du noch Nähanfängerin bist, ist es nicht schwer; bei einigen Modellen
helfen dir Video-Anleitungen im Internet. Am Anfang des Buches findest du eine kleine
Nähschule. Hier werden die verwendeten Sticharten erklärt, außerdem findest du
dort noch wichtige Tipps & Tricks.

Bald kannst du dich dann an die etwas schwierigeren Nähmodelle wagen,
denn Übung macht den Meister!

Viel Spaß beim Nähen wünscht dir deine *Andrea*

Herzlichen Dank an Hannah, Mia und Amelie, die so toll den
Schlüsselanhänger, das Lesezeichen, das Kühlkissen, das Eis und den
Sockenhasen genäht haben!

5

Kleine Nähschule

Nähstiche

Heftstich

Die Nadelspitze von oben nach unten stechen und den Faden durchziehen. Die Stiche sollten ungefähr gleich lang sein. Zum schnelleren Arbeiten können gleich mehrere Stiche auf einmal gestochen werden, bevor die Nadel ganz durchgezogen wird. Dieser Stich wird auch für den Kräuselstich verwendet. Hier werden die Fadenenden vorsichtig und gleichmäßig angezogen, sodass sich der Stoff auf die gewünschte Größe kräuselt.

Rückstich

Bei diesem Stich wird die Nadel nach dem Stich wieder ein kurzes Stück hinter dem Fadenaustritt eingestochen und im gleichen Abstand vor dem Fadenaustritt wieder herausgezogen. Dadurch ist der

Vorwärtsstich doppelt so lang wie der Rückwärtsstich. Diesen Stich benutzt man auch, um Gesichter aufzusticken.

Saumstich

Die Nadel mit einem schrägen Fadenverlauf von unten nach oben einstechen. Dieser Stich eignet sich gut zum Zusammennähen von zwei Stoffstücken.

Schlingstich

Mit der Nadel neben der Kante einstechen. Der links liegende Faden liegt dabei unter der Nadelspitze. Nun die Nadel durchziehen und zur linken Seite legen. Die folgenden Stiche genauso arbeiten.

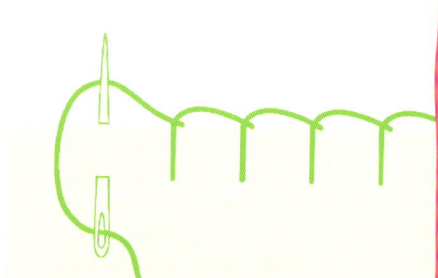

Tipps & Tricks

Schnittmuster

Für einige Projekte brauchst du ein Schnittmuster, das du auf den letzten Seiten im Buch findest (Seite 54 bis Seite 61). Am besten, du fertigst dir dafür zuerst eine Schablone aus fester Pappe an. Dafür kannst du gut die Rückseite eines DIN-A4-Umschlags verwenden. Zuerst paust du das Schnittmuster ab, mit dünnem Papier, zum Beispiel Butterbrotpapier. Wenn du zuhause ein Kopiergerät hast, kannst du dein Schnittmuster auch damit kopieren. Klebe es auf die Pappe und schneide es aus. Manchmal besteht ein Schnittmuster aus mehreren Teilen, die du einzeln anfertigen musst. Einige Schnittmuster-Teile müssen zweimal auf Stoff oder Filz übertragen werden, diese sind dann mit „2x" gekennzeichnet. Hier reicht es aber, wenn du eine Schablone anfertigst, die du dann zweimal verwenden kannst.

Die Schablone legst du dann seitenverkehrt auf die Rückseite des Stoffes bzw. Filzes und überträgst sie mit Kugelschreiber. Bei schwarzem Filz nimmst du am besten einen weißen Buntstift. Nun das Motiv auf der gezeichneten Linie ausschneiden oder mit einer Nahtzugabe zuschneiden, wenn dies in der Anleitung angegeben wird. Wenn es für dich einfacher ist, kannst du dir die Nahtzugabe auch vorzeichnen.

Zwei Stoffteile gleichzeitig zuschneiden

Stoff bzw. Filz in der benötigten Größe zweimal zuschneiden oder eine große Stofflage falten und mit Stecknadeln zusammenheften. Die Schablone auf dem Vorderteil aufzeichnen und beide Lagen zusammen ausschneiden.

Rechte und linke Stoffseite

Als rechte Seite bezeichnet man die schöne Stoffseite, die nach dem Nähen außen zu sehen ist. Die Rückseite des Stoffs ist die linke Seite. Zwei Stoffteile werden mit der schönen Seite aufeinandergelegt, sodass die linken Stoffseiten außen zu sehen sind. Nach dem Zusammennähen werden diese umgekrempelt.

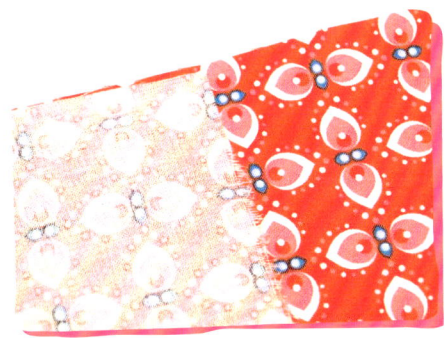

Kleine Nähschule

Ausstopfen

Zum Ausstopfen kannst du Füllwatte oder alternativ auch normale Watte verwenden. Diese immer in kleinen Flocken in die Stoff- bzw. Filzteile füllen. Bei kleinen Rundungen oder Spitzen schiebst du das Füllmaterial am besten mit einem Stift hinein.

Kleinteile annähen

Das Annähen von Kleinteilen, wie Augen, Nasen, Herzen, Köpfen usw. ist manchmal etwas kniffelig. Aber mit etwas Übung ist es gar nicht so schwer. Wenn du möchtest, kannst du die Kleinteile auch

mit Klebstoff befestigen. Besonders für Nähanfänger oder kleinere Kinder ist das einfacher.

Hinweis zur Materialliste

Von den Stoffen braucht man oft nur kleine Stücke, die du vielleicht bei deinen Stoffresten finden kannst. Man kann übrigens auch alte Kleidungsstücke, die nicht mehr getragen werden, weil sie einen Flecken oder ein Loch haben, auf diese Weise wiederverwerten.
Bei den Projekten, für die man etwas größere Stoffstücke braucht, wurde in der Materialliste die Menge angegeben. Steht dort keine Angabe, braucht man nur kleine Stoffreste. Am besten liest du dir die Anleitung immer genau durch, bevor du zu arbeiten anfängst. Dann weißt du auch, welche Materialien du dir noch besorgen musst.
Für viele Projekte wird Bastelfilz verwendet, den es in mehreren Stärken gibt. Finden sich hierzu in der Materialliste keine weiteren Angaben, wird mit 1 mm dickem Filz gearbeitet.
In der Materialliste sind manchmal dünne und manchmal dicke Nähnadeln angeführt (oder auch beides). Dünne Nähnadeln braucht man zum Vernähen von Nähgarn, dicke Nadeln zum Sticken oder Nähen mit Stickgarn.

Einige der Nähmodelle kannst du dir als Video anschauen. Besuche mich auf meinem Kanal unter:
www.youtube.com
Kanal: BastelnMitAndrea

Blumenschmuck

Du brauchst

• verschiedene Stoffreste • Bastelfilz in Weiß • Motiv-Knöpfe • Haar-
spangen-Rohling • Broschen-Rohling
• Karabinerhaken • Haargummi
• Haarreif • feste Pappe • Nähgarn

Werkzeug

• dünne Nähnadel • Schere • Zirkel
• Lineal • Kugelschreiber

Verwendete Stiche

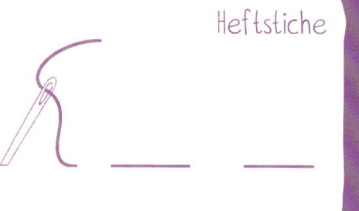

Heftstiche

So wird's gemacht

1. Zuerst fertigst du für jede Stoff-
blume mithilfe von Lineal und Zirkel
einen Pappkreis (Ø 6 cm) an. Übertrage den Kreis dann auf die Rückseite
des Stoffes und schneide ihn aus. Fertige
auf diese Weise acht verschiedene
Kreise aus Stoff und einen aus Filz an.

2. Lege nun einen Stoffkreis mit der
linken Seite nach oben vor dich hin und
falte ihn zu einem Halbkreis. Lege ihn
mit der geraden Kante nach unten vor
dich hin und falte dann die rechte Kante
ungefähr ein Drittel zur linken Kante.
Lege dann die linke Kante zur rechten
Kante, sodass daraus ein „Tortenstück"
entsteht.

3. Das „Tortenstück" (gerundete Seite
liegt oben) legst du so auf den Filzkreis,
dass seine Spitze in der Kreismitte liegt.
Nähe sie mit zwei Heftstichen an.

4. Nun das nächste Blumenblatt
genauso wie das erste falten, leicht
überlappend auf das andere Blumenblatt legen und ebenfalls annähen. Alle
acht Blumenblätter auf diese Weise
anbringen. Nähe dann in der Mitte
einen Knopf an.

5. Drehe die Blume um und nähe sie
auf der Rückseite eines Haarspangen-
Rohlings an. Der Haarreif, das Haargummi, die Brosche und der Schlüsselanhänger werden genauso gefertigt.

Video

Eine ausführliche Video-Anleitung
hierzu findest du unter:
www.youtube.com auf meinem
Kanal: BastelnMitAndrea

Freundschaftsarmband

Du brauchst

• Bastelfilz, ca. 22 x 3 cm • Dekobänder,
1–1,5 x 22 cm • Klettverschluss, rund,
Ø 12 mm • Knöpfe nach Wahl, Ø 1–1,5 cm
• Nähgarn • Stickgarn

Werkzeug

• Stecknadeln • dicke und dünne
Nähnadel • Alleskleber • Schere

Verwendete Stiche

Saumstiche

Schlingstiche

So wird's gemacht

1. Die benötigte Länge für das Armband mit einem Faden ausmessen, dazu
den Faden um das Handgelenk legen
und etwa 1,5 cm dazugeben. In dieser
Größe einen 3 cm breiten Filzstreifen
zuschneiden.

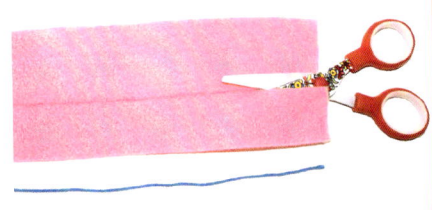

2. Das Dekoband in der Länge des Filz-
streifens zuschneiden. Stecke nun das
Dekoband mit Stecknadeln mittig auf
dem Filzstreifen fest und nähe es am
Rand mit Saumstichen auf den Filzstreifen.
Dafür wird Nähgarn verwendet.

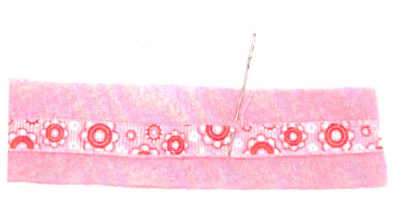

3. Umnähe nun mit Stickgarn mit
Schlingstichen den Rand des Filzstreifens..

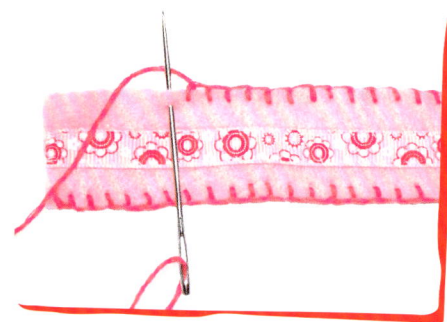

4. Die Klettpunkte am Anfang und Ende
des Filzstreifens ankleben. Achte darauf,
dass ein Klettpunkt innen im Armband
und der andere außen liegt. Gut durchtrocknen lassen. Wenn du möchtest,
kannst du das Armband noch mit Knöpfen
oder einem zweiten Dekoband verzieren.

Schlüsselanhänger

Du brauchst

• 1 Filzstreifen, 3 x 20 cm • Dekobänder, 1,5 x 20 cm, 1 x 7 cm • Schlüsselring, ca. Ø 2,5 cm • Nähgarn

Werkzeug

• dünne Nähnadel • Stecknadeln

Verwendete Stiche

Saumstiche

Schlingstiche

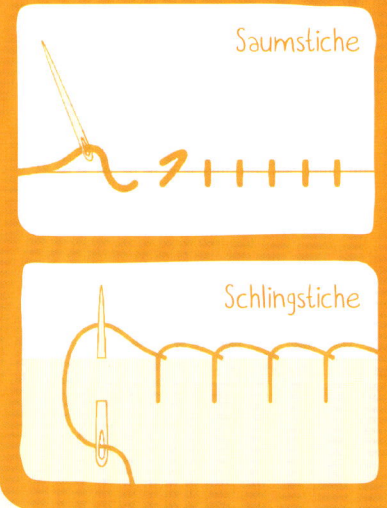

So wird's gemacht

1. Zuerst schneidest du Filzstreifen und Dekobänder in der angegebenen Größe zu. Schlage dann das breite Dekoband an beiden Enden 1 cm breit nach innen ein und stecke es mit Stecknadeln mittig auf dem Filzstreifen fest. Nähe es am Rand entlang mit Saumstichen auf dem Filz auf.

2. Den Filzstreifen in der Mitte falten. Ebenso das dünne Dekoband in der Mitte falten und mit den offenen Seiten mittig in die Filzstreifenöffnung legen. Nähe dann beide Streifenenden am Rand mit Rückstichen zusammen, dabei nähst du auch das Dekoband fest. Zum Schluss den Schlüsselring an der Schlaufe (Dekoband) anbringen.

Lustige Schlüsseltasche

Du brauchst

- Bastelfilz in Apfelgrün, ca. 30 x 15 cm
- Bastelfilz in Weiß • Reißverschluss, 11 cm lang • Dekoband • Stoffrest
- Nähgarn in Weiß, Hellgrün • Stickgarn in Dunkelgrün • Knöpfe in Schwarz, Ø 12 mm • Pappe

Werkzeug

- Zirkel • Kugelschreiber • Schere
- Stecknadeln • dicke und dünne Nähnadel • Alleskleber

Schnittmuster siehe S. 55

Verwendete Stiche

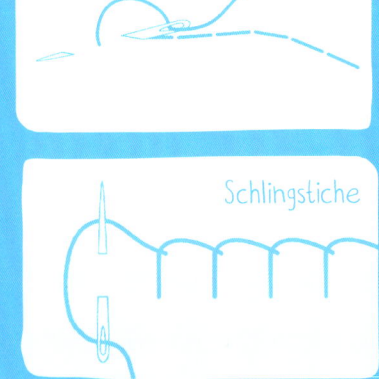

Rückstiche

Schlingstiche

So wird's gemacht

1. Den Zirkel auf 5,5 cm einstellen und aus Pappe eine Kreisschablone erstellen. Die Schablone mit Kugelschreiber auf den grünen Filz übertragen und ausschneiden. Schneide dann den Filzkreis in der Mitte durch und hefte jeweils einen Halbkreis mit Stecknadeln an jeder Reißverschlussseite an. Nähe den Reißverschluss mit hellgrünem Nähgarn mit Rückstichen fest.

2. Schneide über den Filzkreis ragende Reißverschlussenden an den Seiten ab. Um ein gleichgroßes Gegenstück zu bekommen, den Filzkreis mit dem Reißverschluss auf grünen Filz auflegen, die Form nachzeichnen und ausschneiden. Falte für den Anhänger ein 10 cm langes

Stück Dekoband mittig und nähe es mit den offenen Seiten mit Rückstichen an der Rückseite eines Filzkreises an. Beide Kreise mit Stecknadeln zusammenheften und mit dunkelgrünem Stickgarn mit Schlingstichen zusammennähen. Nähe an der Stelle, an der das Dekoband befestigt ist, mit Rückstichen.

3. Schneide dann nach dem Schnittmuster weiße Filzkreise zu, nähe die Knöpfe darauf und klebe die Filzkreise auf die Vorderseite der Tasche. Schneide nun noch nach dem Schnittmuster ein Stoffherz zu und klebe es auf weißen Filz, schneide es mit einem schmalen Rand aus und klebe das Herz ebenfalls auf.

Einkaufsliste

Brot   Äpfel

Milch   Bananen

Eier   Tomaten

Saft   Gurken

Käse

2

1

10   50

Coole Jeans-Flicken

So wird's gemacht

Vorbereitung

Vielleicht ist deine Hose ja an beiden Knien eingerissen, dann kannst du die Schlitze für zwei verschiedene Monster verwenden. Ansonsten kannst du auch nur ein Monster gestalten oder noch einen zweiten Schlitz schneiden und ausfransen.

1. Zuerst musst du die Augen nach der Packungsanleitung in der gewünschten Position über dem Riss aufbügeln. Alternativ kannst du auch Augen aus Bastelfilz anfertigen. Bastele dir dafür mithilfe eines Zirkels zwei Pappschablonen, etwa 2 cm und 1 cm Ø. Schneide den größeren Kreis aus weißem und den kleineren aus schwarzem Filz zu und klebe den kleineren, schwarzen Kreis in

Du brauchst
• alte Jeanshose • Aufbügelmotive „Augen" oder Bastelfilz in Weiß, Schwarz • Bastelfilz in Weiß, Pink, Grün • Stickgarn in Hellblau, Schwarz • evtl. Pappe

Werkzeug
• Kugelschreiber • dicke Nähnadel Stecknadeln • Schere • evtl. Zirkel

den weißen. Befestige ihn zusätzlich mit kleinen Saumstichen mit schwarzem Stickgarn. Nähe die Augen dann mit kleinen Saumstichen über dem Riss in der Hose fest. Um die benötigte Länge der Zähne zu ermitteln, ein Stück vom weißen Filz unter den Riss legen und Zähne mit Kugelschreiber aufzeichnen. Ausschneiden und umdrehen.

2. Lege farbigen Filz unter den Riss und schlage den Rand der Jeansöffnung etwas nach oben um. Die Größe der Öffnung mit Kugelschreiber auf Filz übertragen.

Verwendete Stiche

Rückstiche

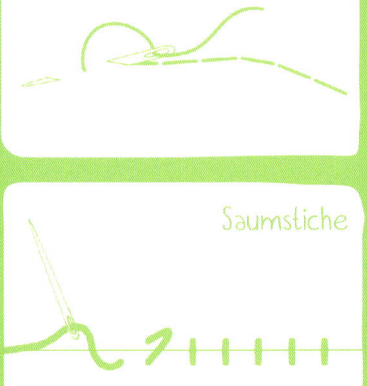

Saumstiche

3. Zeichne um diese Markierung einen etwa 1 cm breiten Rand auf den farbigen Filz, schneide ihn daran entlang aus und drehe ihn um. Farbigen Filz und die Zähne zusammen unter dem umgeschlagenen Riss platzieren und mit Stecknadeln fixieren. Alles mit Rückstichen nah an der Öffnung entlang mit hellblauem Stickgarn zusammennähen. Zwischen den Augen ein schwarzes Kreuz als Nase ergänzen.

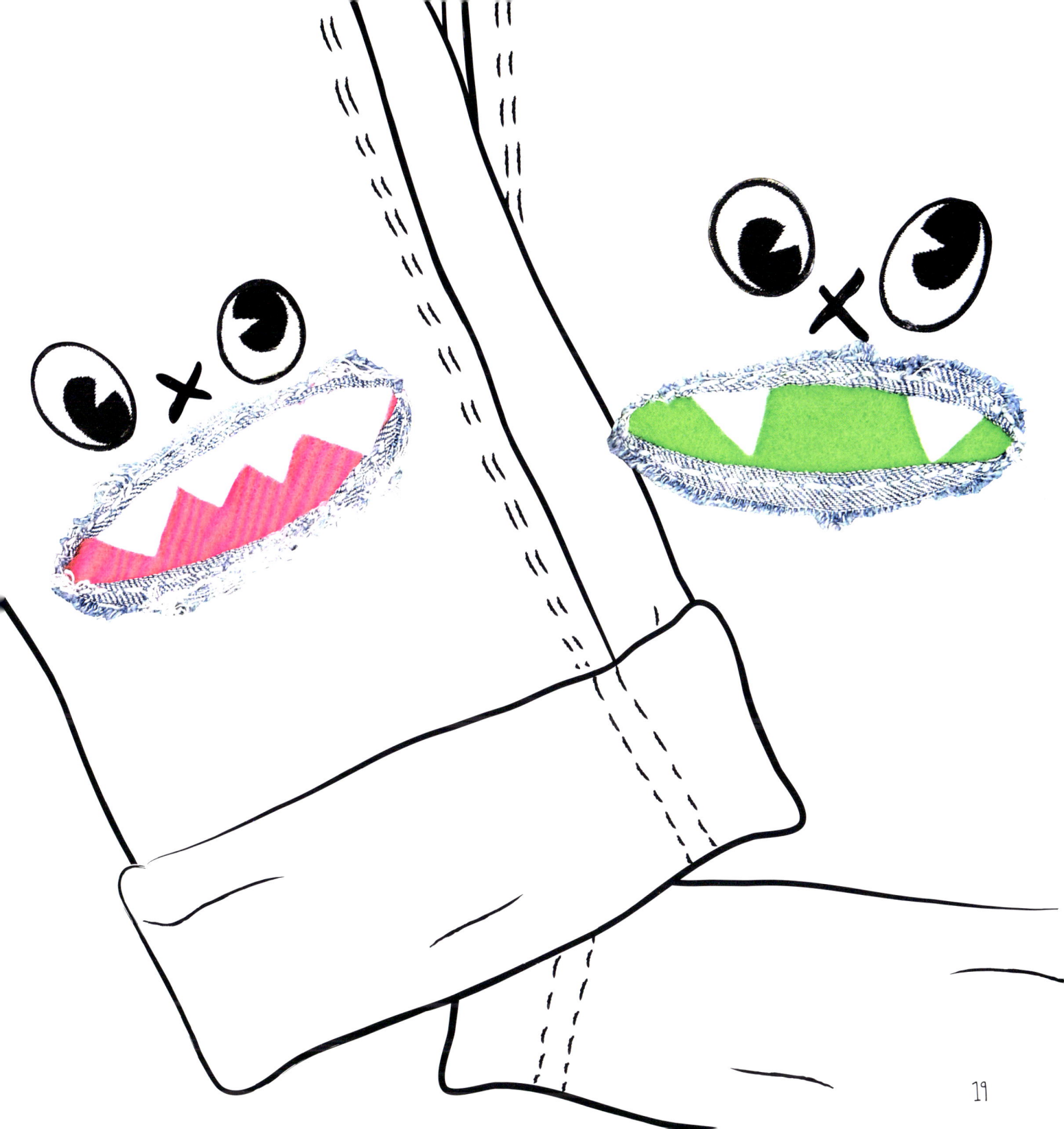

Monsterstarke Lesezeichen

So wird's gemacht

1. Für jedes Lesezeichen ein 7 x 12 cm großes farbiges Filzstück doppelt legen, der Streifen ist dann 7 x 6 cm groß, das Schnittmuster für das Monster mit Kugelschreiber übertragen, die Filzstücke mit einer Stecknadel zusammenheften und ausschneiden. Weiße Kreise für die Augen und kleine Dreiecke für die Zähne ausschneiden.

2. Der kleine schwarze Kreis wird mit dem Locher ausgestanzt. Wenn du dazu Pappe unter den Filz legst und beides zusammen lochst, franzt der Kreis nicht

aus. Den schwarzen Kreis auf den weißen kleben. Einen Mund vorzeichnen und mit kleinen Rückstichen auf eine Seite des Monsters aufsticken, dabei den Faden doppelt legen. Zähne und Auge ankleben.

3. Das kleine Herz auf Tonkarton zeichnen, grob ausschneiden, auf der Rückseite des Stoffes aufkleben, ausschneiden und auf den Körper kleben.

4. Vom Karoband etwa 27 cm abschneiden und oben am Rückenteil festkleben. Ein Filzherz zuschneiden, den Rand mit weißen Schlingstichen verzieren, am anderen Ende vom Karoband ankleben und einen Schmuckstein anbringen.

Du brauchst

• Bastelfilz in Weiß, Pink, Hellblau, Hellgrün, Schwarz • Tonkartonrest in Weiß • Karoband in Rosa, Hellblau, Hellgrün, 3 mm breit • Stoffreste • Schmucksteine in Hellblau, Rot, Grün, Ø 8 mm • Nähgarn in Weiß, Schwarz • evtl. Streichholzschachtel, Stempel „Mit ganz viel Liebe gemacht", Stempelkissen • Pappe

Werkzeug

• dünne Nähnadel • Locher • Kugelschreiber • Schere • Stecknadeln • Alleskleberr

Schnittmuster siehe S. 54

Verwendete Stiche

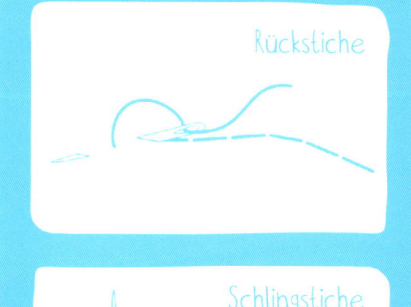

Rückstiche

Schlingstiche

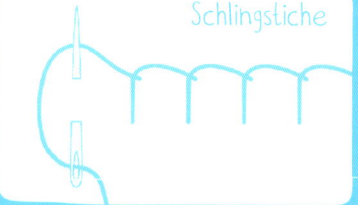

5. Beide Filzkörper mit Schlingstichen zusammennähen, oben beim Band Rückstiche nähen.

Tipps für Kids

Wenn du das niedliche Lesezeichen verschenken willst, kannst du noch eine Streichholzschachtel mit Stoff beziehen. Außerdem weißen Tonkarton bestempeln, als Kreis ausschneiden und zusammen mit dem Lesezeichen in die Schachtel legen.

Kleines Filz-Äffchen

So wird's gemacht

1. Zuerst überträgst du die Motivteile nach dem Schnittmuster auf Filz in der jeweiligen Farbe und schneidest sie aus. Körper, Kopf und Innenohren je zweimal anfertigen.

2. Nähe dann zunächst die Nase mit Saumstichen am Gesicht an. Danach das Gesicht und die Innenohren an einem Kopfteil und die Bauchfläche am Körpervorderteil annähen.

Du brauchst

• Bastelfilz in Beige, 10 x 15 cm und in Hellbraun, 2x je 18 x 14 cm • Bastelfilz in Rosa, Flieder • Füllwatte • Karoband in Rosa, 1 cm breit • Nähgarn in Weiß • Halbperlen in Schwarz, Ø 6 mm • Buntstiftkrümel in Rot • Pappe

Werkzeug

• Holzspieß • Wattestäbchen • dünne Nähnadel • Stecknadeln • Kugelschreiber • Schere • Alleskleber

Schnittmuster siehe S. 54

3. Klebe den Schwanz an der Rückseite des Körpervorderteils an. Dann beide Körperteile passgenau mit Stecknadeln fixieren und am Rand entlang mit Schlingstichen zusammennähen, dabei oben eine Öffnung lassen. An der Stelle, an der der Schwanz befestigt ist, mit Rückstichen nähen. Anschließend den Körper mit Füllwatte ausstopfen und Watte mit dem Holzspieß in die Arme und Beine schieben. Die Öffnung zunähen. Fertige anschließend das Kopfteil ebenso an.

Verwendete Stiche

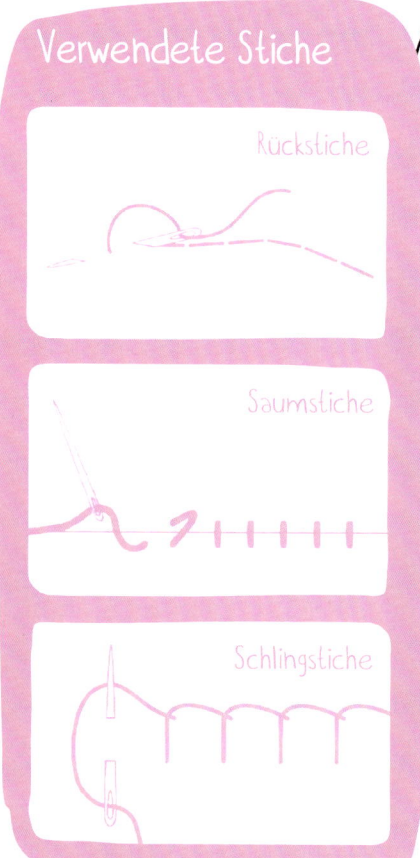

Rückstiche

Saumstiche

Schlingstiche

4. Mit dem Wattestäbchen Buntstiftkrümel als Wangen aufreiben. Halbperlen als Augen ankleben. Den Kopf mit Saumstichen an den Körper nähen. Aus dem Karoband eine Schleife binden und am Kopf ankleben.

Pandabär

Du brauchst

- Bastelfilz in Weiß, 2x je 21 x 11 cm und in Schwarz, 2x je 14 x 10 cm
- Füllwatte • Nähgarn in Weiß, Schwarz
- Halbperlen in Schwarz, Ø 6 mm
- Buntstiftkrümel in Pink • Pappe

Werkzeug

- Wattestäbchen • dünne Nähnadel
- Stecknadeln • Kugelschreiber
- Buntstift in Weiß • Schere
- Alleskleber

Schnittmuster siehe S. 54

So wird's gemacht

1. Die Motivteile nach dem Schnittmuster mit Kugelschreiber und weißem Buntstift auf Filz der jeweiligen Farbe übertragen und ausschneiden. Kopf, Körper, Ohren und Augen- und Fußteile je zweimal zuschneiden.

2. Beide Augenteile mit Saumstichen zusammennähen und zusammen mit der Nase auf ein Kopfteil nähen. Ohren an der Rückseite ankleben. Die weiße Bauchfläche auf ein Körperteil nähen. Die Innenfüße auf die Füße nähen. Jeweils farblich passendes Nähgarn verwenden.

3. Fixiere dann die Kopfteile und Körperteile passgenau mit Stecknadeln und nähe sie am Rand entlang mit Schlingstichen zusammen, nähe an den Ohren mit Rückstichen. Lasse dabei unten zuerst eine Öffnung, stopfe sie dann mit Füllwatte aus und nähe sie anschließend zu.

4. Mit dem Wattestäbchen Buntstiftkrümel als Wangen aufreiben. Halbperlen als Augen ankleben. Den Kopf und die Füße mit Saumstichen an den Körper nähen.

Verwendete Stiche

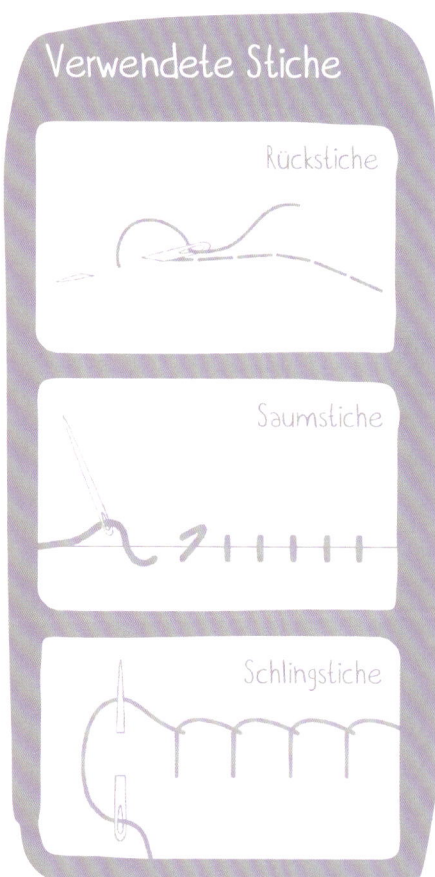

Rückstiche

Saumstiche

Schlingstiche

Türstopper „Frosch"

So wird's gemacht

1. Kremple den Waschhandschuh auf die linke Seite um und lege ihn so vor dich hin, dass die Öffnung unten liegt. Das Schnittmuster übertragen und beide Stoffteile mit Stecknadeln zusammenheften. An der Zeichnung entlang mit Nähgarn die Stoffteile mit Rückstichen zusammennähen, dabei die untere gerade Fläche offen lassen. Mit einem Rand von 0,5 cm ausschneiden.

2. Waschhandschuh umkrempeln und die Nähte mit den Fingern ausstreichen. Dann werden die Augen aufgebügelt, lass dir dabei von einem Erwachsenen helfen. Alternativ kannst du auch zwei Knöpfe als Augen annähen oder Augen aus Bastelfilz anfertigen. Bastele dir dafür mithilfe eines Zirkels zwei Pappschablonen, 3 cm und 1,5 cm Ø. Schneide den größeren Kreis aus weißem und den kleineren aus schwarzem Filz zu und klebe den kleineren, schwarzen Kreis in den weißen. Nähe die Augen dann mit kleinen Saumstichen auf dem Gesicht fest.

Schneide die Nasenflecken aus grünem Filz zu und nähe sie mit Saumstichen auf. Einen Mund vorzeichnen und diesen mit roten Rückstichen aufsticken. Nimm dafür das Stickgarn doppelt, damit der Mund dick genug wird. Stopfe dann den oberen Teil des Froschs mit Füllwatte aus. Stecke zum Schluss die beiden Frühstücksbeutel ineinander und fülle den inneren mit etwas Sand. Verschließe die Beutel, indem du sie an der Öffnung fest verknotest. Lege sie dann unten in den Waschhandschuh.

3. Die Öffnung etwa 2 cm nach innen einschlagen und mit Saumstichen zunähen. Beine und Krone je zweimal aus Filz zuschneiden und mit Schlingstichen mit passendem Stickgarn zusammennähen. Knöpfe an den Zacken der Krone annähen. Füße je zweimal auf der Rückseite vom Stoff übertragen, zusammenstecken und mit einer Nahtzugabe von etwa 0,5 cm ausschneiden. Mit Nähgarn mit Rück-

Verwendete Stiche

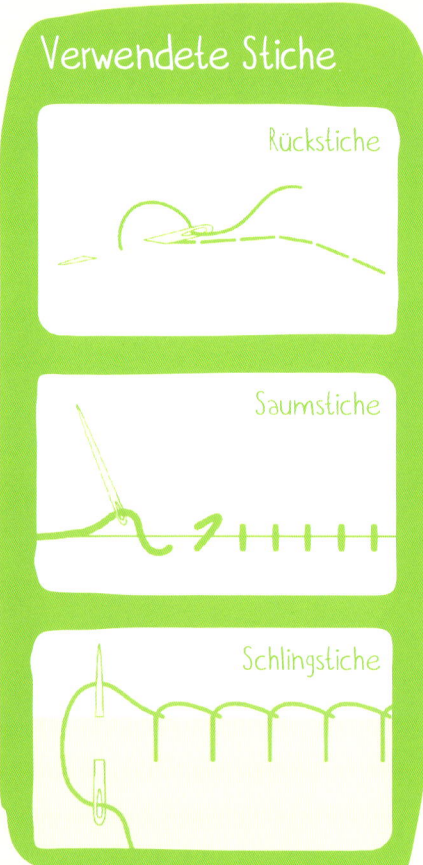

Rückstiche

Saumstiche

Schlingstiche

stichen zusammennähen, dabei aber eine Öffnung lassen. Füße umkrempeln, mit Watte ausstopfen und mit Saumstichen zunähen. Füße an die Beine nähen. Dann die Beine und die Krone am Frosch annähen.

26

Tipps für Kids

Wenn ihr keine Aufbügel-Augen habt,
könnt ihr alternativ auch Knöpfe annähen
oder große Wackelaugen ankleben oder
Augen aus Filz anfertigen.

Du brauchst

• Waschhandschuh in Hellgrün, ca. 22 x
17 cm • Aufbügelmotiv „Augen", Ø 3 cm
oder 2 Knöpfe oder Bastelfilz in Weiß,
Schwarz • Bastelfilz in Hellgrün, Gelb
• Füllwatte • Stickgarn in Rot, Dunkelgrün,
Gelb, evtl. in Schwarz • Nähgarn • Stoff-
rest • Holzknöpfe in Rosa, Grün, Blau,
Ø 1,5 cm • 2 Gefrierbeutel • Sand • Pappe

Werkzeug

• dicke und dünne Nähnadel • Kugelschreiber • Stecknadeln • Bügeleisen
• evtl. Zirkel

Schnittmuster siehe S. 55

Kühlkissen „Alles wird gut!"

So wird's gemacht

1. Zuerst krempelst du den Wasch-handschuh um und legst das Schnitt-muster am unteren, offenen Rand an. Übertrage es mit Kugelschreiber auf den Stoff. Hefte mit Stecknadeln beide Teile zusammen und nähe sie mit einem doppelt genommenen Faden an der Markierung entlang mit Rückstichen zusammen.

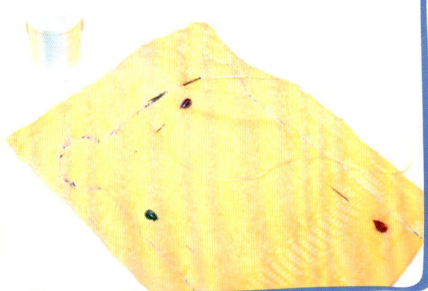

2. Schneide die Figur nun mit 0,5 cm Abstand von der Naht aus. Kremple den Waschhandschuh dann wieder um und drücke mit dem Finger die Ohren heraus.

Verwendete Stiche

Rückstiche

Saumstiche

3. Aus Filz die großen weißen Kreise und die Nase zuschneiden und mit Saum-stichen annähen. Die kleinen schwarzen Kreise mit dem Locher ausstanzen, dazu zum Lochen etwas Tonkarton unter den Filz legen, damit dieser nicht ausfranst. Punkte ankleben. Den Mund mit Stick-garn mit Rückstichen aufsticken. Innen-ohren und Herz aus Stoff zuschneiden, auf Filz kleben, mit einem schmalen Rand aus-schneiden und mit Saumstichen annähen.

4. Klebe die Klettverschluss-Teile mittig in die offene Waschhandschuhseite und lasse sie gut durchtrocknen. Nun kannst du das Kühlpad hineinschieben und den Klettverschluss schließen.

Du brauchst

• Waschhandschuh, ca. 22 x 17 cm
• Kühlpad, ca. 11 x 10 cm • Bastelfilz in Weiß, Schwarz, weitere Farben nach Wahl • Klettverschluss, rund, Ø 12 mm • Stoffreste • Nähgarn in Weiß, Schwarz • Stickgarn in Schwarz • Pappe

Werkzeug

• dicke und dünne Nähnadel • Steck-nadeln • Kugelschreiber • Locher • Schere • Alleskleber

Schnittmuster siehe S. 56

Tipps für Kids

Eine tolle Idee zum Ver-
schenken. Dazu einfach
eine Papiertüte mit Stoff-
und Filzresten gestalten,
beschriften und die
Kühlkissenhülle in die
Tüte stecken.

Alles wird gut!

Handyhülle „Erdbeere"

So wird's gemacht

1. Zuerst überträgst du das Schnittmuster seitenverkehrt mit Kugelschreiber auf Filz der jeweiligen Farbe und schneidest alles aus. Übertrage den Hut auf roten Filz. Sticke mit gelbem Stickgarn auf der Vorder- und Rückseite der Handytasche Erdbeerpunkte mit Heft-

Verwendete Stiche

Heftstiche

Rückstiche

Schlingstiche

stichen auf, spare dabei die Umschlagfläche aus.

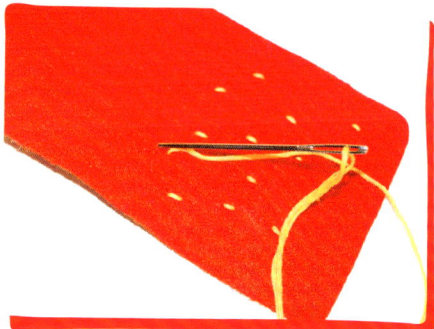

2. Nun das Vorderteil umdrehen. Den linken, den rechten und den unteren Rand etwa 0,5 cm vom Rand entfernt mit Kleber bestreichen und passgenau auf der Innenseite vom Hinterteil aufkleben. Nähe die Ränder zusätzlich mit Schlingstichen fest und umnähe auch die Umschlagfläche mit Schlingstichen.

3. Klebe den roten Filzhut auf die linke Seite vom Pünktchenstoff und schneide

ihn der Form folgend aus. Mund und Nase evtl. vorzeichnen und mit kleinen Rückstichen aufsticken. Halbperlen als Augen ankleben. Alle Teile zusammenkleben und auf der Umschlagfläche anbringen.

4. Beide Klettverschlussteile aufeinanderheften. Eine Seite am oberen Rand der Umschlagfläche ankleben und gut trocknen lassen. Danach auf der anderen Seite Klebstoff auftragen, Umschlagfläche nach unten falten, Klettpunkt andrücken und ebenfalls gut trocknen lassen.

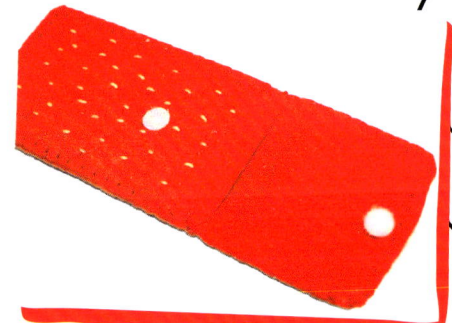

Du brauchst

• Bastelfilz in Rot, 2x je 23 x 11 cm • Bastel-
filz in Hellbeige, Hellgrün • Halbperlen in
Schwarz, Ø 8 mm • Klettverschluss, rund,
Ø 12 mm • Pünktchen-Stoff in Rot
• Stickgarn in Gelb, Rot, Schwarz • Pappe

Werkzeug

• dicke Nähnadel • Kugelschreiber
• Schere • Alleskleber

Schnittmuster siehe S. 57

Erdbeersüße Tablet-Hülle

So wird's gemacht

1. Für ein Tablet, das 10 Zoll groß ist, schneidest du den grau melierten Bastelfilz zweimal in der Größe 23 x 28 cm zu. Ebenso aus dem Filz einen 2 x 12 cm großen Streifen zuschneiden. Aus der Vorderseite am oberen Rand mittig einen kleinen Halbkreis herausschneiden.

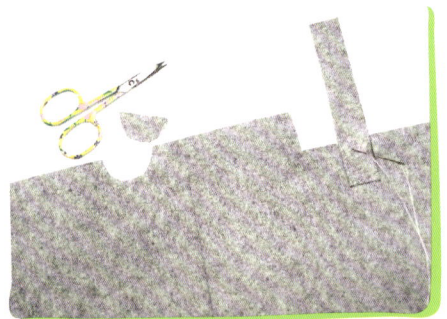

Du brauchst
• Bastelfilz in Grau meliert, 3 mm dick, ca. 2x je 23 x 28 cm, 2x je 12 cm (je nach Größe des Tablets) • Bastelfilz in Rot, Hellgrün • Stickgarn in Hellgelb, Rot • Klettverschluss, rund, Ø 12 mm • Nähgarn in Weiß, Rot • Pappe

Werkzeug
• dicke und dünne Nähnadel • Stecknadeln • Kugelschreiber • Schere • Alleskleber

Schnittmuster siehe S. 56

Den Streifen an einem Ende über etwa 3 cm mit weißem Nähgarn mit Saumstichen an der Rückseite annähen.

2. Nach dem Schnittmuster die Erdbeerteile für etwa acht Erdbeeren aus rotem und grünem Bastelfilz zuschneiden. Beide Teile zusammenkleben. Mit gelbem Stickgarn Erdbeerpunkte mit Heftstichen aufsticken.

3. Nähe dann die Erdbeeren mit Saumstichen auf dem grauen Filz-Vorderteil auf, spare dabei die Fläche für den Verschluss-Streifen aus.

4. Beide grauen Filzteile passgenau mit Stecknadeln zusammenheften. Am Rand entlang mit rotem Stickgarn mit Schlingstichen zusammennähen, die obere Seite dabei aussparen.

5. Klettpunkte am Verschluss-Streifenende und passgenau an der Tablet-Hülle ankleben und gut trocknen lassen.

Verwendete Stiche

Heftstiche

Saumstiche

Schlingstiche

Tipps für Kids

Für Tablet, iPad, und Notebook geeignet. Dazu die Größe ausmessen und an allen vier Seiten je eine Nahtzugabe von 1,5 cm dazugeben.

Brusttasche für Hundefans

Du brauchst

- Bastelfilz in Hellbeige, 2x je 16 x 17 cm
- Bastelfilz in Weiß, Rotbraun, Schwarz
- Karoband in Braun, ca. 1 x 70 cm
- Klettverschluss, rund, Ø 12 mm
- Stickgarn in Beige, Braun • Nähgarn in Weiß • Pappe

Werkzeug

- dicke und dünne Nähnadel • Stecknadeln • Kugelschreiber • Buntstift in
Weiß • Schere • Alleskleber

Schnittmuster siehe S. 58

Verwendete Stiche

Saumstiche

Schlingstiche

So wird's gemacht

1. Motivteile nach dem Schnittmuster
mit Kugelschreiber bzw. Buntstift auf
Filz der jeweiligen Farbe übertragen und
ausschneiden. Den Kopf, die Ohren und
die Augen je zweimal zuschneiden. Den
Augen- und Mundfleck mit Nähgarn
mit Saumstichen am Kopfvorderteil
annähen, Außenränder dabei aussparen.

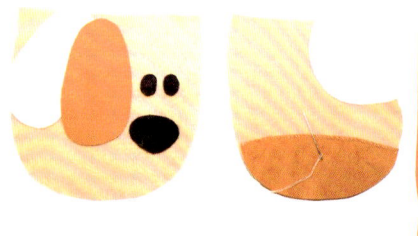

2. Nun kannst du Nase und Augen aufkleben und die Ohren mit braunem
Stickgarn mit Schlingstichen umnähen.

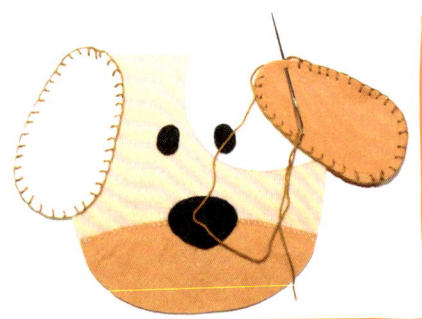

3. Stecke nun beide Körperteile passgenau mit Stecknadeln aufeinander.
Nähe den Rand mit beigefarbenem
Stickgarn mit Schlingstichen zusammen
und umnähe danach die obere Taschen-
öffnung (nicht schließen!). Klebe die
Ohren am Vorderteil an.

4. Binde ein Stück Karoband zu einer
Schleife und klebe es oben an den Kopf.
Klebe dann Karoband in der benötigten
Länge als Umhängeband in die Seiten
der Tasche. Beide Teile vom Klettverschluss mittig in die Tasche kleben. Vor
dem Schließen den Klebstoff gut durchtrocknen lassen.

Brusttasche „Kleine Katze"

Du brauchst

• Bastelfilz in Hellgrau, 27 x 17 cm
• Bastelfilz in Weiß, Rosa, Pink, Schwarz
• Satinband „Pünktchen" in Pink, ca.
65 x 1,5 cm • Perlonfaden in Schwarz,
3x je 12 cm • Klettverschluss, rund,
⌀ 12 mm • Stickgarn in Rosa, Grau,
Schwarz • Pappe

Werkzeug

• dicke Nähnadel • Kugelschreiber
• Buntstift in Weiß • Stecknadeln
• Schere • Alleskleber

Schnittmuster siehe S. 59

So wird's gemacht

1. Das Schnittmuster auf Filz der
jeweiligen Farbe übertragen und ausschneiden. Den Schwanz zweimal
zuschneiden und beide Teile aufeinan-
derkleben.

2. Filzteile auf der oberen Hälfte vom
Katzenkörper ankleben. Die Perlonfäden
als Barthaare unter die Nase kleben.
Einen Mund aufzeichnen und mit kleinen
Rückstichen aufsticken. Den Schwanz an
der unteren Kante festkleben. Katze in
der Mitte falten und mit Stecknadeln
zusammenheften.

3. Nähe nun die Seiten bis zu den Ohren-
spitzen mit Schlingstichen zusammen.
Danach die Öffnung mit Schlingstichen
umnähen (nicht schließen!). An der Stelle,
wo der Schwanz sitzt, Rückstiche nähen.

Verwendete Stiche

Rückstiche

Schlingstiche

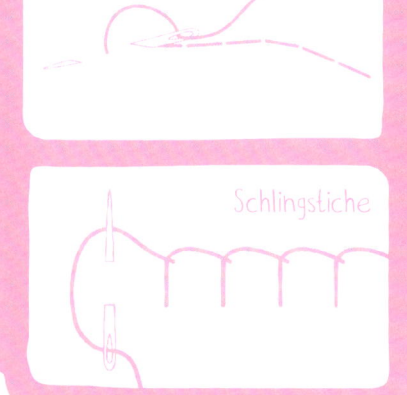

4. Den Schwanz mit grauen Schlingstichen
verzieren. Satinband in der benötigten
Länge hinter den Ohren festkleben.
Klebe zum Schluss einen Klettverschluss
an die vordere Innenseite der Öffnung
und das Gegenstück an die hintere
Innenseite. Vor dem Schließen den Klebstoff gut trocknen lassen.

Meine Stofftasche

Du brauchst

- Waschhandschuh, 22 x 17 cm
- verschiedene Baumwollstoffe, z.B. mit Blümchen und Streifen
- verschiedene Dekobänder, je 34 cm lang • bunte Holzknöpfe, Ø 1,5 cm und Ø 2,5 cm • Nähgarn

Werkzeug

- dünne Nähnadel • Alleskleber
- Bügeleisen

Verwendete Stiche

Heftstiche

Rückstiche

So wird's gemacht

1. Die Stoffe in sechs 4 x 50 cm große Streifen reißen. Streifen glatt bügeln (unter Aufsicht) und eventuelle Fäden abziehen.

2. Nähe mit Nadel und Faden breite Heftstiche an die Längsseite eines Stoffstreifens, ungefähr 1 cm unterhalb des oberen Randes. Kräusele den Stoff dann auf die Länge von 33 cm und verknote die Fadenenden. Bereite auf diese Weise alle sechs Stoffstreifen vor.

3. Den ersten Stoffstreifen mit Stoff-Kleber unten auf den Waschlappen kleben. Dabei werden die Vorder- und Rückseite des Waschlappens beklebt. Danach den nächsten Streifen überlappend ankleben und so fortfahren, bis alle Streifen aufgeklebt sind. Wechsle mit den Mustern ab, damit die Tasche schön bunt wirkt.

4. Klebe dann auf den oberen Taschenteil Dekobänder auf. Schneide von einem Dekoband die benötigte Länge für den Tragegriff ab und nähe es seitlich mit einem Rückstich in den Waschlappen. Zum Schluss kannst du als Verzierung noch die Knöpfe annähen.

Angelspiel & Wurfspiel

So wird's gemacht

1. Als erstes überträgst du das Schnittmuster zweimal auf Stoff und schneidest die Form mit einer Nahtzugabe von etwa 1 cm aus. Beide Teile passgenau aufeinanderlegen und mit Stecknadeln zusammenheften. Aus weißem Filz zwei Augen zuschneiden.

2. Beide Stoffteile des Fischkörpers rechts auf rechts aufeinanderlegen und an der Markierung mit einem Rückstich zusammennähen, dabei den Schwanz offen lassen.

3. Den Stoff umkrempeln und die Nähte von innen ausstreichen. Ein kleines Filzstück zuschneiden, Magnet aufkleben und trocknen lassen.

4. Lege einen Magnet oben in den Fisch und stopfe ihn mit Füllwatte aus. Achte dabei darauf, dass der Magnet oben im Fisch liegt! Den Schwanz etwas nach innen einschlagen und mit einem Schlingstich zunähen. Sticke auf die weißen Filzkreise Kreuze mit schwarzem Stickgarn auf und klebe sie als Augen an.

Verwendete Stiche

Rückstiche

Schlingstiche

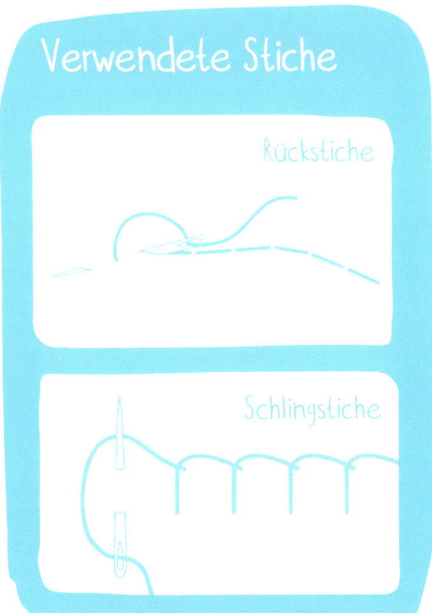

5. Fertige verschiedene Fische an und verwende dabei auch das andere Schnittmuster. Knote eine Holzperle an den Wollfaden und klebe einen Magnet daran. Das andere Wollende am Stock anknoten. Für die Aufbewahrung einen Stoff (50 x 50 cm) zuschneiden. Fische und Angel in den Stoff legen und den Stoff mit dem Karoband zusammenbinden.

Spielanleitung „Wurfspiel"

Das Meer (Stoffunterlage) wird auf dem Boden ausgebreitet. Die Spieler entfernen sich etwa drei bis vier Schritte (je nach Alter). Nun versuchen sie, nacheinander alle Fische ins „Meer" zu werfen. Wer schafft die meisten Treffer!

Spielanleitung „Fische angeln"

Fische auf dem Meer (Stoffunterlage) verteilen und im Kreis darum herum setzen. Wer an der Reihe ist, schließt die Augen. Es wird reihum im Uhrzeigersinn geangelt. Jeder Spieler darf mit der Angel 1x den Grund des Meeres berühren und zieht die Angel dann hoch. Hängt ein Fisch daran, darf er erneut angeln, wenn nicht, ist der Nächste dran. Wer angelt die meisten Fische?

Du brauchst

- Füllwatte • mehrere Magnete, Ø 1 cm
- Bastelfilz in Weiß • Karoband in Grün, 1 x 40 cm • Holzperle, Ø 1,5 cm
- verschiedene Motiv-Stoffe in Blau-, Grüntönen • Stoff, 50 x 50 cm • Wollfaden, ca. 35 cm • Nähgarn in Weiß
- Stickgarn in Schwarz • Pappe

Werkzeug

- Stecknadeln • dicke und dünne Nähnadel • Kugelschreiber • Schere
- Alleskleber

Schnittmuster siehe S. 58 und 59

Lust auf Eis?

So wird's gemacht

1. Den Stoff an der längeren Seite nach innen falten, sodass er in einer Größe von 19 x 11 cm doppelt liegt. Das Schnittmuster übertragen. Beide Stofflagen zusammenstecken und rundherum mit einer Nahtzugabe von 0,5 cm ausschneiden. Den Stiel aussparen. Gerade Linien am Stiel nach oben hin einschneiden.

Du brauchst
• Verschiedene Stoffe, ca. 19 x 22 cm pro Eis • Füllwatte • Eisstiel oder Bastelholz • evtl. Geschenkanhänger • Nähgarn • Pappe

Werkzeug
• dünne Nähnadel • Stecknadeln • Stifte • Kugelschreiber • Schere • Alleskleber

Schnittmuster siehe S. 56

2. Nähgarn doppelt nehmen und die Stofflagen auf der Markierung mit Rückstichen zusammennähen, dabei die untere Öffnung aussparen.

3. Den Stoff umkrempeln und von innen die Nähte ausstreichen. Die untere Nahtzugabe mit dem Stiel nach innen einschlagen. Den Eisstiel an einem Ende etwa 4 cm mit Klebstoff bestreichen und mittig auf den unteren Stoff-Stiel kleben.

4. Mit etwas Füllwatte ausstopfen. Watte evtl. mit einem Stift nach oben schieben. Bestreiche dann den Eisstiel auch auf der anderen Seite mit Klebstoff und klebe ihn auf dem oberen Stoff-Stiel fest. Stopfe die Seiten ebenfalls mit Füllwatte aus.

5. Schließe den unteren Rand des Eises mit Saumstichen. Wenn du möchtest, kannst du einen Geschenk-Anhänger beschriften und an das Eis binden.

Tipps für Kids

Wer schon mit der Nähmaschine
umgehen kann, kann die Stofflagen
auch damit zusammennähen.

Verwendete Stiche

Rückstiche

Saumstiche

Lust auf Eis?
Samstag 15⁰⁰ Uhr
Eisdiele CoCo

Süße Sockenhasen

Du brauchst

• bunte Kindersocke • Filzrest in Rosa
• Pappe • Dekoband mit Pünktchen in
Rosa oder Hellgrün, 1 x 15 cm • 2 Halbperlen, Ø 8 mm • Füllwatte • Nähgarn
in Weiß • etwas schwarze Wolle

Werkzeug

• Zirkel • dicke und dünne Nähnadel
• Kugelschreiber • Schere • Alleskleber

Verwendete Stiche

Rückstiche

Saumstiche

So wird's gemacht

1. Kremple die Socke auf links und lege sie so vor dich hin, dass die Öffnung oben und die Spitze unten liegt, die Ferse zeigt dabei nach oben. Streiche die Socke noch einmal schön glatt und schneide das Fußteil mittig bis kurz vor die Ferse ein.

2. Nähe dann die beiden aus dem Fuß-teil entstandenen Seiten jeweils mit Nähgarn mit Rückstichen zu, sie bilden die Hasenohren. Kremple dann die Socke um und beule die Ohren mit den Fingern aus.

3. Mit der dicken Nähnadel und der schwarzen Wolle ein Kreuz als Nase auf die Ferse sticken. Zuerst die Ohren, dann Kopf und Körper prall mit der Füllwatte ausstopfen.

4. Beide Teile der Sockenöffnung aufei-nanderlegen und in der Mitte mit Saum-stichen zusammennähen. Die Seiten zur Mitte einschlagen und ebenfalls zusam-mennähen. Um einen guten Stand zu erhalten, die offenen Seiten noch fest-nähen.

5. Zirkel auf 7 mm Breite einstellen und einen Pappkreis anfertigen. Pappkreis mit Kugelschreiber auf den rosafarbenen Filzrest übertragen, den Filz doppelt legen und beide Kreise zusammen aus-schneiden.

6. Filzkreise als Wangen mit Saumstichen annähen. Die Halbperlen als Augen ankleben.

7. Binde ein Dekoband um den Ohren-Ansatz und schließe es zu einer Schleife. Bringe zum Schluss die Ohren und den Hasenkörper mit den Händen noch etwas in Form.

Tipps für Kids

Anstelle von Halbperlen könnt ihr auch Wackelaugen oder kleine Köpfe verwenden oder die Augen aufsticken.

Video

Eine ausführliche Video-Anleitung hierzu findest du unter: www.youtube.com auf meinem Kanal: BastelnMitAndrea

Kunterbunte Sockeneule

Du brauchst

- Bastelfilz in Weiß, Orange, Hellgrün
- Füllwatte • bunte Kindersocke
- bunte Kunststoffknöpfe, ca. Ø 1 cm
- Nähgarn in Schwarz • Pappe

Werkzeug

- dünne Nähnadel • Kugelschreiber
- Schere • Stecknadeln • Alleskleber

Schnittmuster siehe S. 59

Verwendete Stiche

Rückstiche

Saumstiche

So wird's gemacht

1. Zuerst drehst du die Socke auf links. Mit dem Kugelschreiber knapp unterhalb der Öffnung die Ohren und die Kopfform aufmalen, mit Stecknadeln zusammenheften und die Socke auf den eingezeichneten Linien mit einem Rückstich zusammennähen.

2. Die Socke knapp über dem Fersenbeginn abschneiden, sodass sie etwa 11 cm lang ist, und wieder umdrehen. Die Socke mit Füllwatte ausstopfen, die Öffnung einschlagen und mit Rückstichen zunähen.

3. Schneide dann aus Bastelfilz die Augenfläche, die Flügel, die Füße und den Schnabel zu. Nähe die Augenfläche mit Saumstichen an die Socke und klebe die restlichen Filzteile an. Zum Schluss die Knöpfe annähen.

Tipps für Kids

Aus dem Rest der Socke kannst du dir ganz einfach ein passendes Nadelkissen nähen. Dazu eine Schablone in Herzform anfertigen und das Herz zweimal aus dem Sockenrest zuschneiden. Nähe beide Herzen links auf links zusammen und lasse dabei an der Spitze eine Öffnung zum Wenden. Das Herz umdrehen, mit Füllwatte ausstopfen, zunähen — fertig!

Video

Eine ausführliche Video-Anleitung hierzu findest du unter: www.youtube.com auf meinem Kanal: BastelnMitAndrea

Bunter 3D-Schmetterling

So wird's gemacht

1. Die Motivteile nach dem Schnittmuster auf Filz der jeweiligen Farbe übertragen und ausschneiden.

2. Nun steckst du die beiden Teile der Schmetterlingsflügel jeweils mit Stecknadeln aufeinander und nähst sie am Rand mit Schlingstichen zusammen.

3. Auf der Körpervorderseite einen schwarzen Mund mit Rückstichen aufsticken. Nähe dann Körpervorderseite und -rückseite mit Saumstichen zusammen, lasse dabei am Kopf eine Öffnung. Körper mit Füllwatte ausstopfen, Watte mit einem Stift nach oben schieben und die Öffnung zunähen. Augen aufkleben.

4. Die großen Flecken mit Saumstichen am kleinen Flügel annähen.

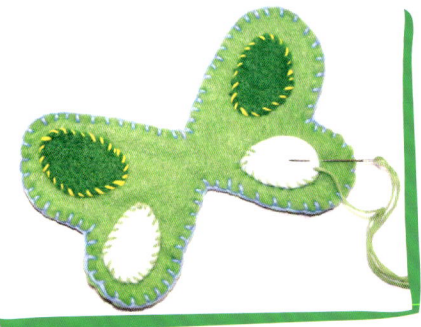

Schnittmuster siehe S. 60

Verwendete Stiche

Rückstiche

Saumstiche

Schlingstiche

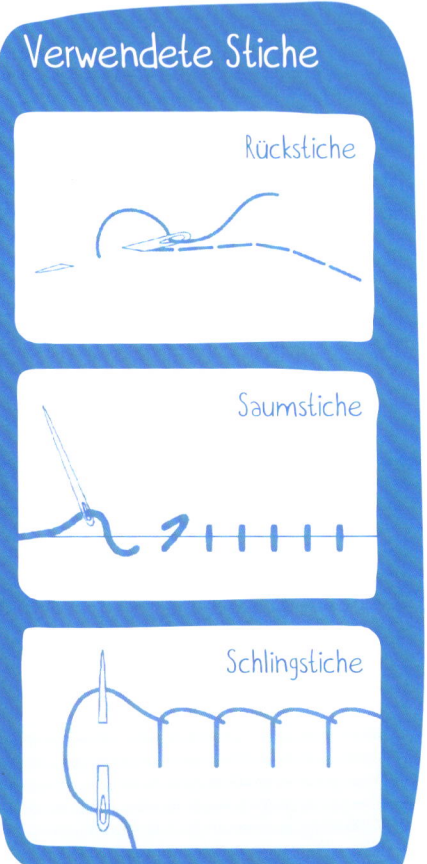

5. Die kleinen Flecken und die Schmucksteine ankleben. Beide Schmetterlingsflügel in der Mitte mit Rückstichen zusammennähen.

6. Klebe zum Schluss den Körper mittig auf die Flügel und knote einen Faden Stickgarn zum Aufhängen an.

Du brauchst
• Bastelfilz in Hellgelb, 2x je 13 x 5 cm, Hellgrün, 2x je 16 x 10 cm, Türkis, 2x je 18 x 14 cm • Bastelfilz in Weiß, Mint, Hellblau • Füllwatte • Halbperlen in Schwarz, Ø 5 mm • Schmucksteine in Hellgrün, Silber, Ø 10 mm • Stickgarn in Hellgelb, Hellgrün, Hellblau • Pappe

Werkzeug
• dicke Nähnadel • Kugelschreiber
• Schere • Alleskleber

Nadelkissen „Kaktus"

So wird's gemacht

1. Nach einem der Schnittmuster einen Kaktus zweimal aus Filz zuschneiden. Mit dunkelgrünen Heftstichen die Maserungen aufsticken, nicht zu nah am Rand sticken. Schneller geht's, wenn mehrere Stiche auf einmal gestochen werden.

2. Beide Teile dann mit der Vorderseite nach außen mit Stecknadeln zusammenheften. Mit gelben Schlingstichen am Rand zusammennähen, dabei unten eine Öffnung lassen. Kaktus mit Füllwatte ausstopfen, dabei mit einem Stift die Watte nach oben schieben.

4. Beklebe den Rand des Terrakottatopfes mit einem Stoffstreifen und klebe über die Öffnung im Boden einen Filzrest. Fülle den Topf mit kleinen Steinen oder Sand und stecke den Kaktus hinein. Dann kannst du Stecknadeln als Stacheln darin verteilen.

3. Schiebe nun ein Bastelholz ein paar Zentimeter tief in den Kaktus und klebe die Öffnung zu. Du kannst auch noch einen kleineren Kaktus anfertigen, nimm dann gelbes Stickgarn für die Maserungen und grünes zum Zusammennähen.

Du brauchst

• Bastelfilz in Hellgrün, 2x je 19 x 14 cm
• Stoffreste, z.B. mit Streifen oder Blümchen • Bastelhölzer in Grün, 11 x 0,8 cm • Terrakottatöpfe, Ø 9, 8 cm hoch, Ø 7, 6 cm hoch • Stickgarn in Hellgelb, Dunkelgrün • Sand oder kleine Steine • Pappe

Werkzeug

• dicke Nähnadel • Stecknadeln • Kugelschreiber • Schere • Alleskleber

Schnittmuster siehe S. 61

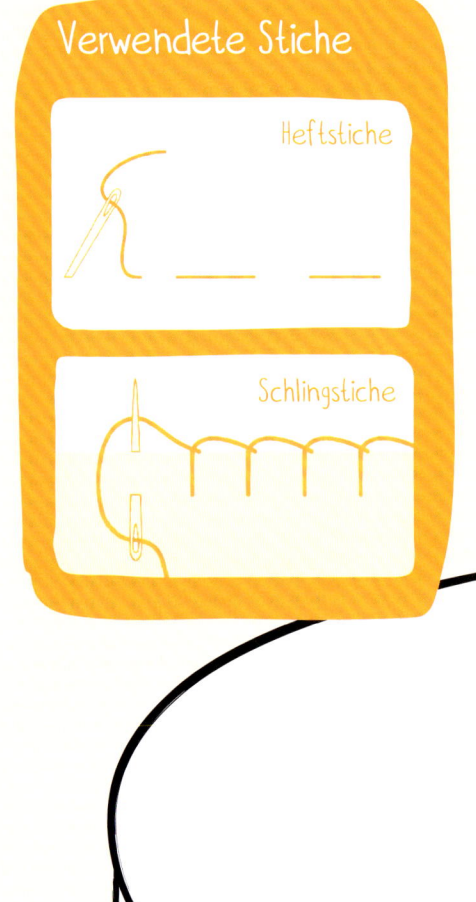

Verwendete Stiche

Heftstiche

Schlingstiche

51

Türglocke „Kunterbunte Wolke"

So wird's gemacht

1. Nach dem Schnittmuster zweimal die Wolke aus weißem Filz und die Wangen aus rosafarbenem Filz zuschneiden. Die Augen aufbügeln (lass dir dabei von einem Erwachsenen helfen). Alternativ kannst du auch zwei Knöpfe als Augen annähen oder Augen aus Bastelfilz anfertigen. Bastele dir dafür mithilfe eines Zirkels zwei Pappschablonen, 3,5 und 2,5 cm Ø. Schneide den größeren Kreis aus weißem und den kleineren aus schwarzem Filz zu und klebe den kleineren, schwarzen Kreis in den weißen. Nähe die Augen dann mit kleinen Saumstichen auf dem Gesicht fest. Zeichne Mund und Nase vor und sticke sie mit kleinen Rückstichen auf.

2. Beide Wolkenteile passgenau aufeinanderlegen und mit Stecknadeln zusammenheften. Den Rand mit Schlingstichen zusammennähen, dabei den unteren geraden Rand aussparen.

3. Aus Stoffresten zwölf Streifen abreißen, sie sollten etwa 3,5 x 20 cm groß sein. Sechs Stoffstreifen an einem Ende zusammenrollen und durch die Öse eines Glöckchens schieben. Mit einem Knoten befestigen.

4. Alle Bänder nach und nach in mehreren Schichten innen am hinteren Rand der Wolke festkleben. Die Wolke mit Füllwatte ausstopfen und die Öffnung zukleben. Satinband zum Aufhängen an der Rückseite anbringen.

Du brauchst
- Bastelfilz in Weiß, 2x je 26 x 16 cm
- Bastelfilz in Rosa • 6 Metallglöckchen, Ø 11 mm • Aufbügelmotiv „Augen" oder 2 Knöpfe oder Bastelfilzreste in Weiß, Schwarz • verschiedene Stoffreste • Satinband in Rosa, 3 mm breit
- Stickgarn in Rosa, Pink, Schwarz
- Füllwatte • Pappe

Werkzeug
- dicke Nähnadel • Kugelschreiber Stecknadeln • Schere • Alleskleber
- Bügeleisen • evtl. Zirkel

Schnittmuster siehe S. 60/61

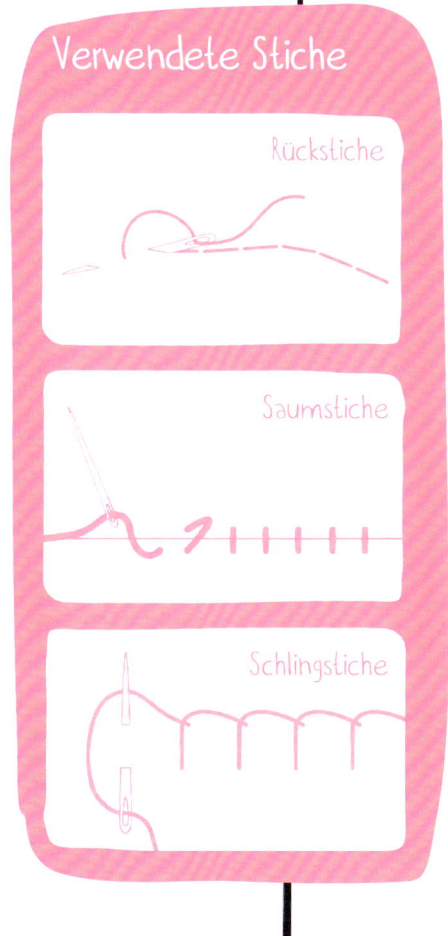

Verwendete Stiche

Rücksticke

Saumstiche

Schlingstiche

Schnittmuster

Monsterstarke
Lesezeichen

2x

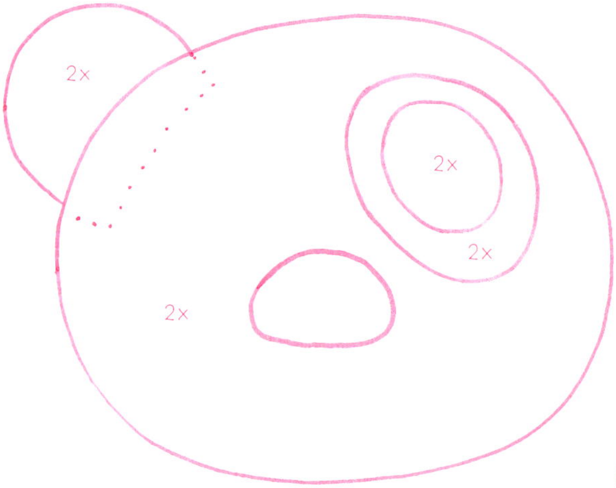

2x

2x

2x

2x

2x

2x

2x

2x

Pandabär

2x

2x

2x

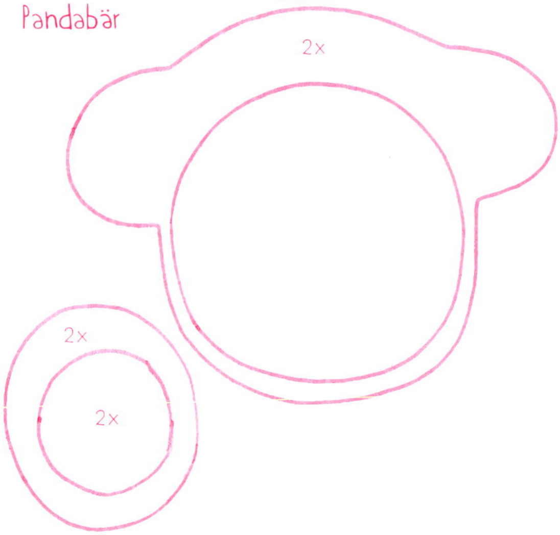

Kleines
Filz-Äffchen

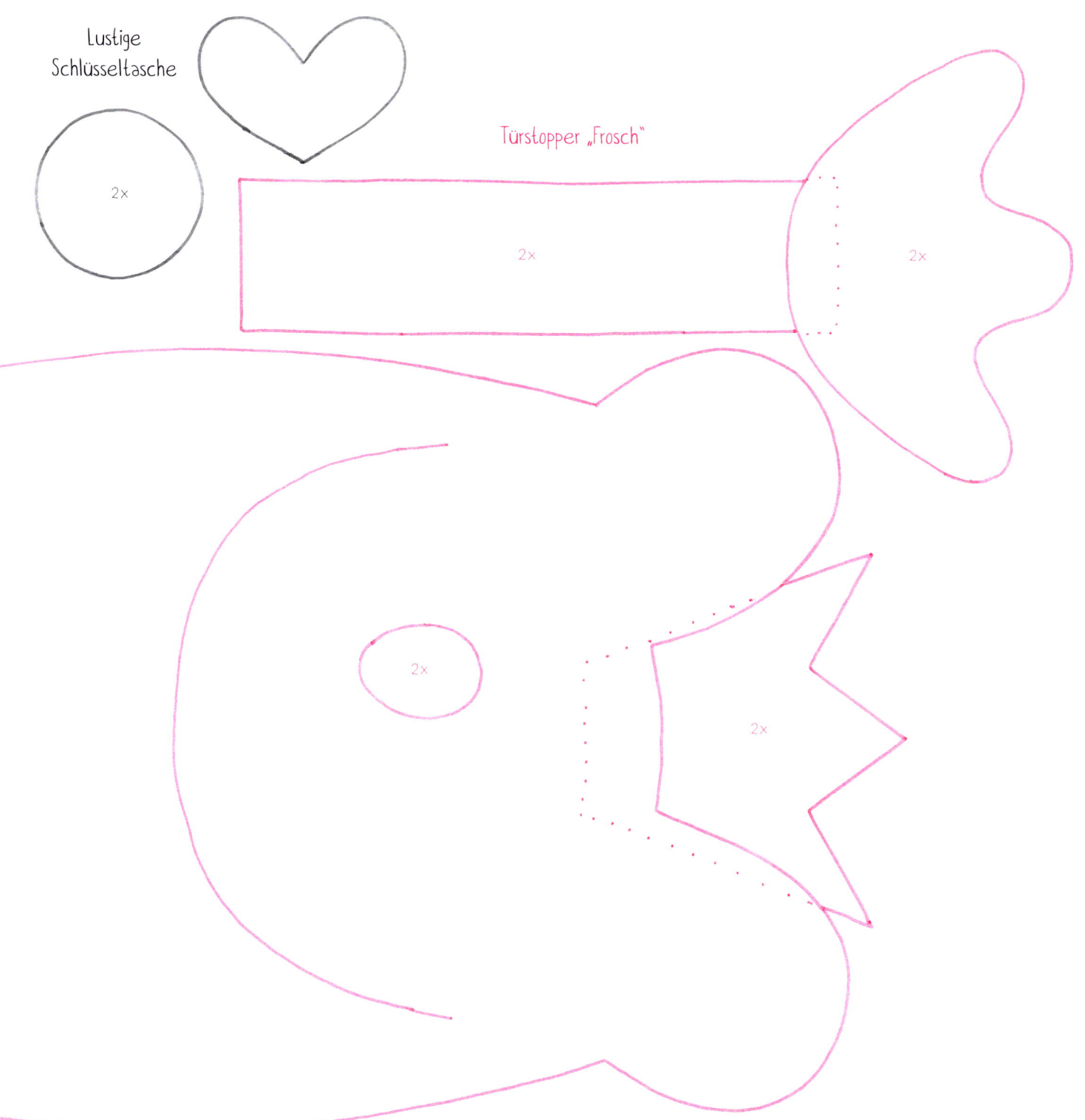

Lustige
Schlüsseltasche

2×

Türstopper „Frosch"

2×

2×

2×

2×

Kühlkissen „Alles wird gut!"

2×

Erdbeersüße
Tablet-Hülle

Lust auf Eis?

2×

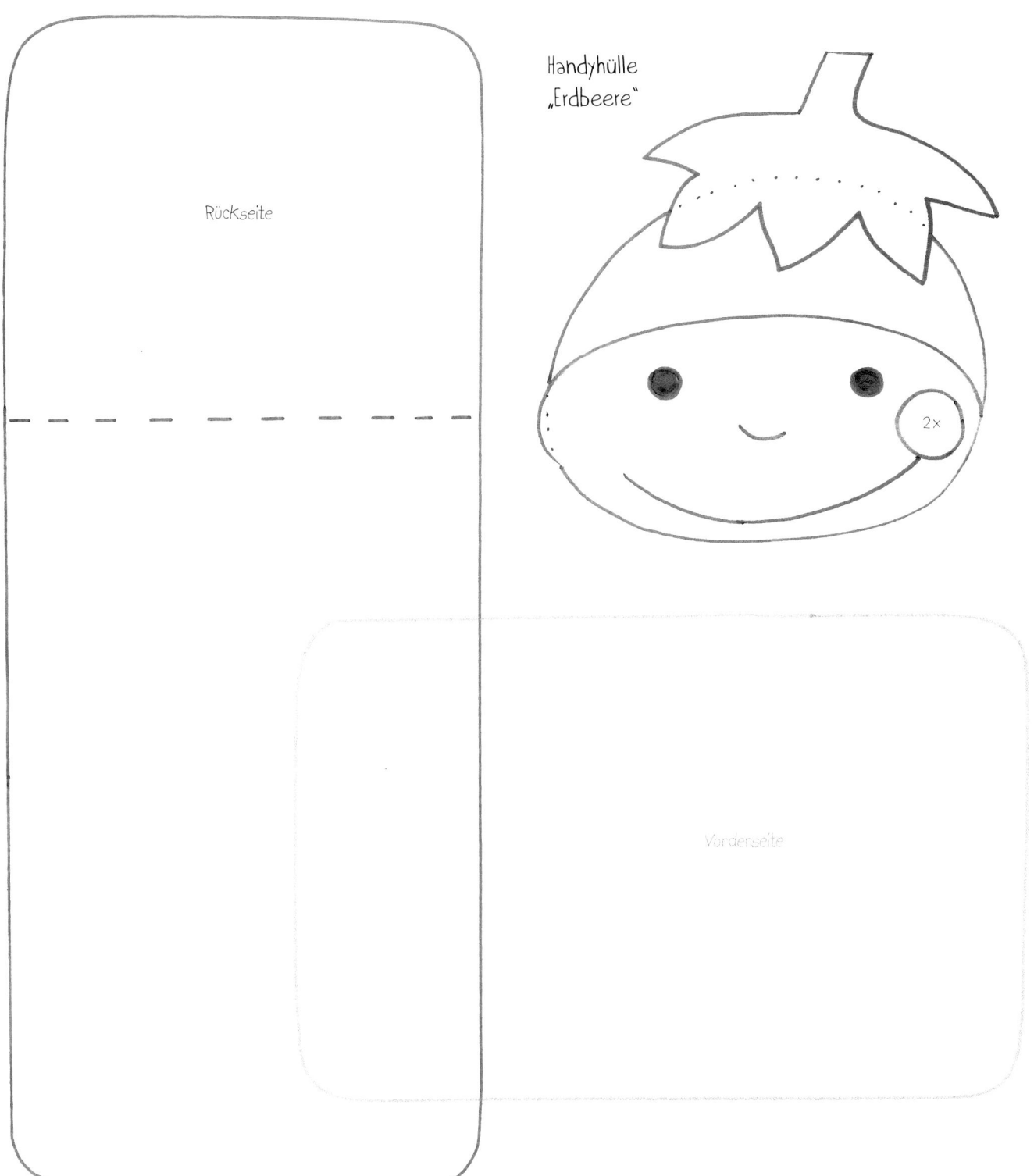

Handyhülle
„Erdbeere"

Rückseite

Vorderseite

2×

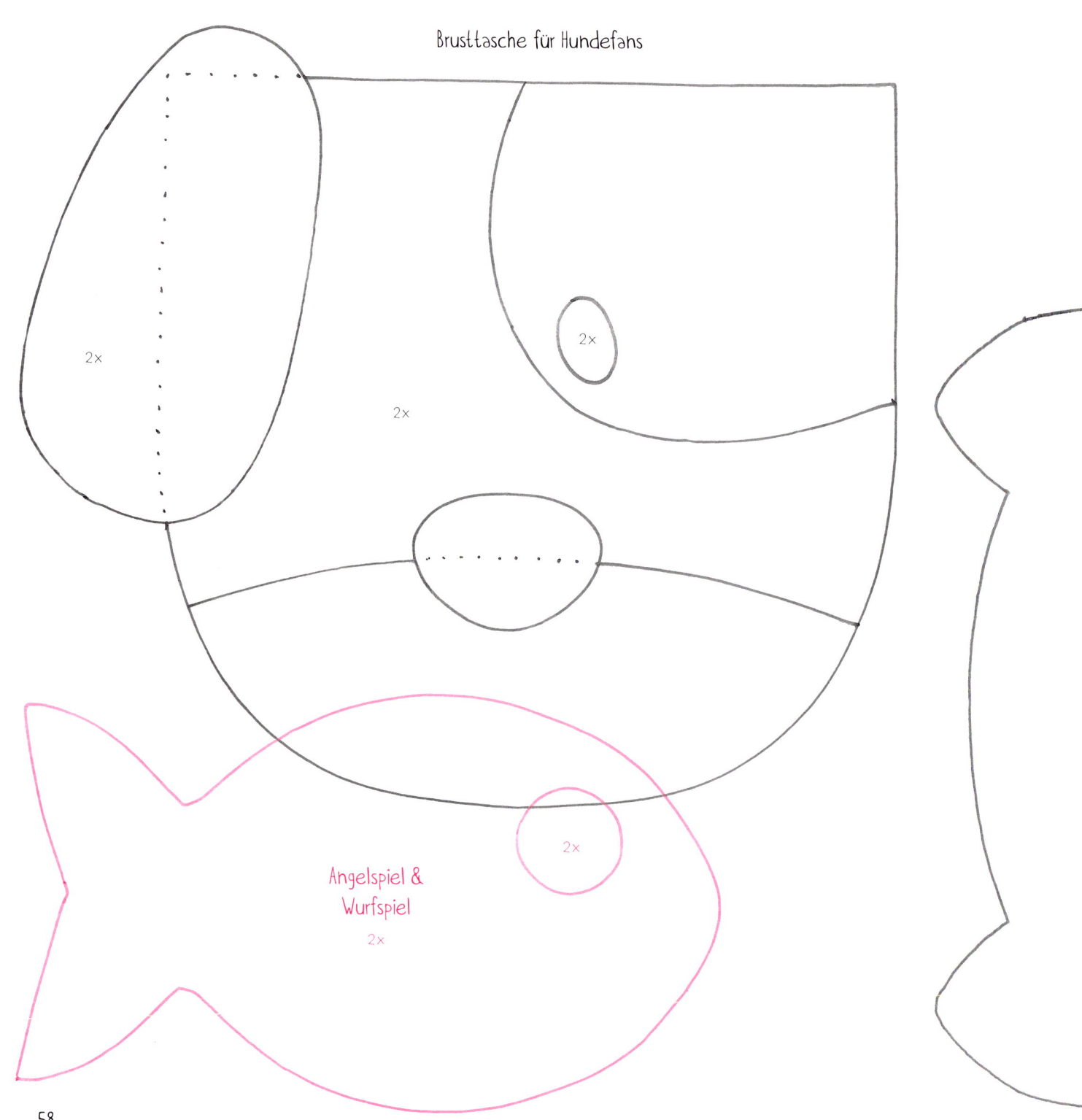

Brusttasche für Hundefans

2x

2x

2x

2x

Angelspiel &
Wurfspiel

2x

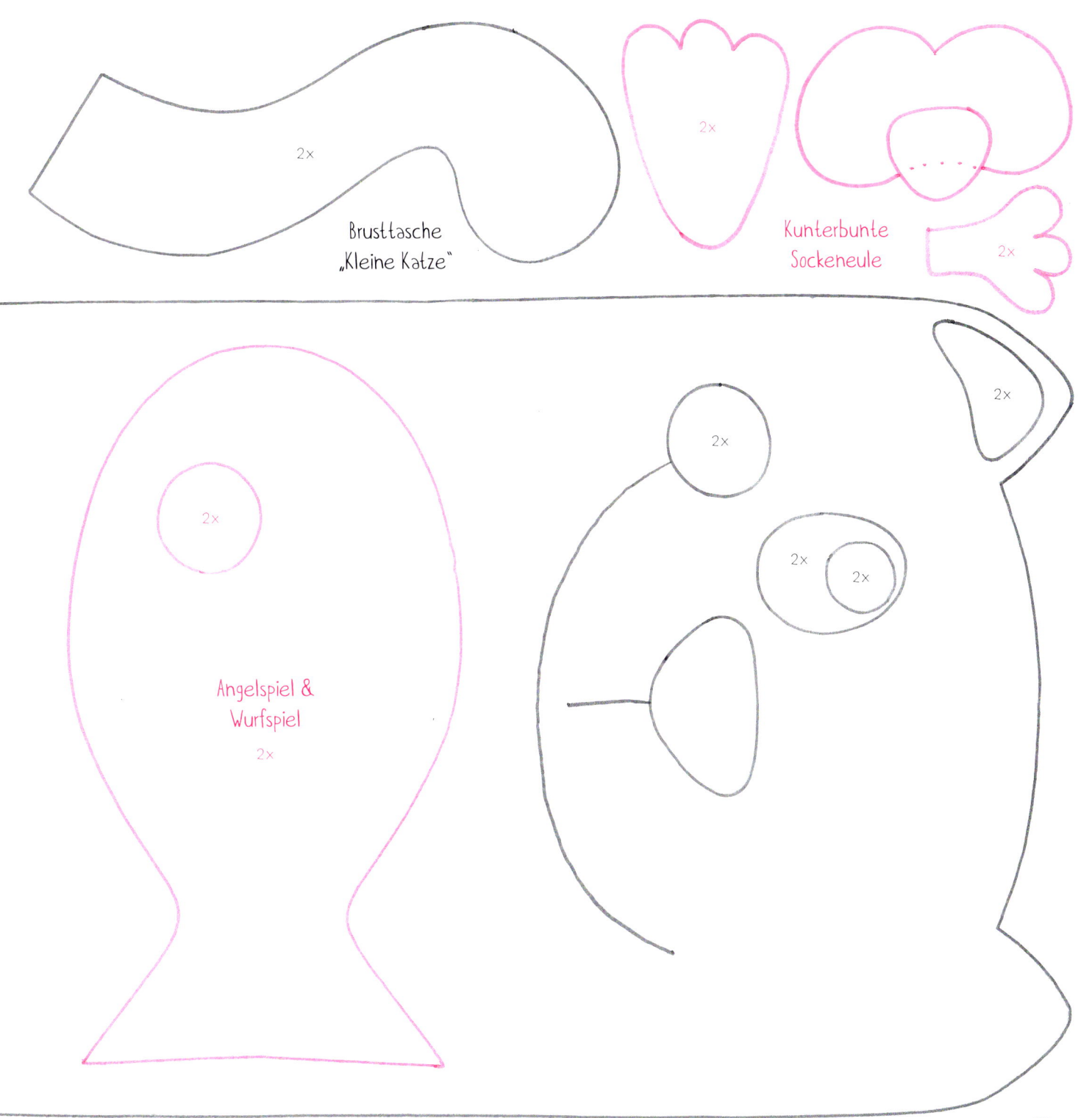

Brusttasche
„Kleine Katze"

2×

Kunterbunte
Sockeneule

2×

2×

Angelspiel &
Wurfspiel

2×

2×

2×

2×

2×

2×

Bunter
3D-Schmetterling

2x

2x

2x

4x

2x

2x

Türglocke
„Kunterbunte Wolke"

2x

2x

60

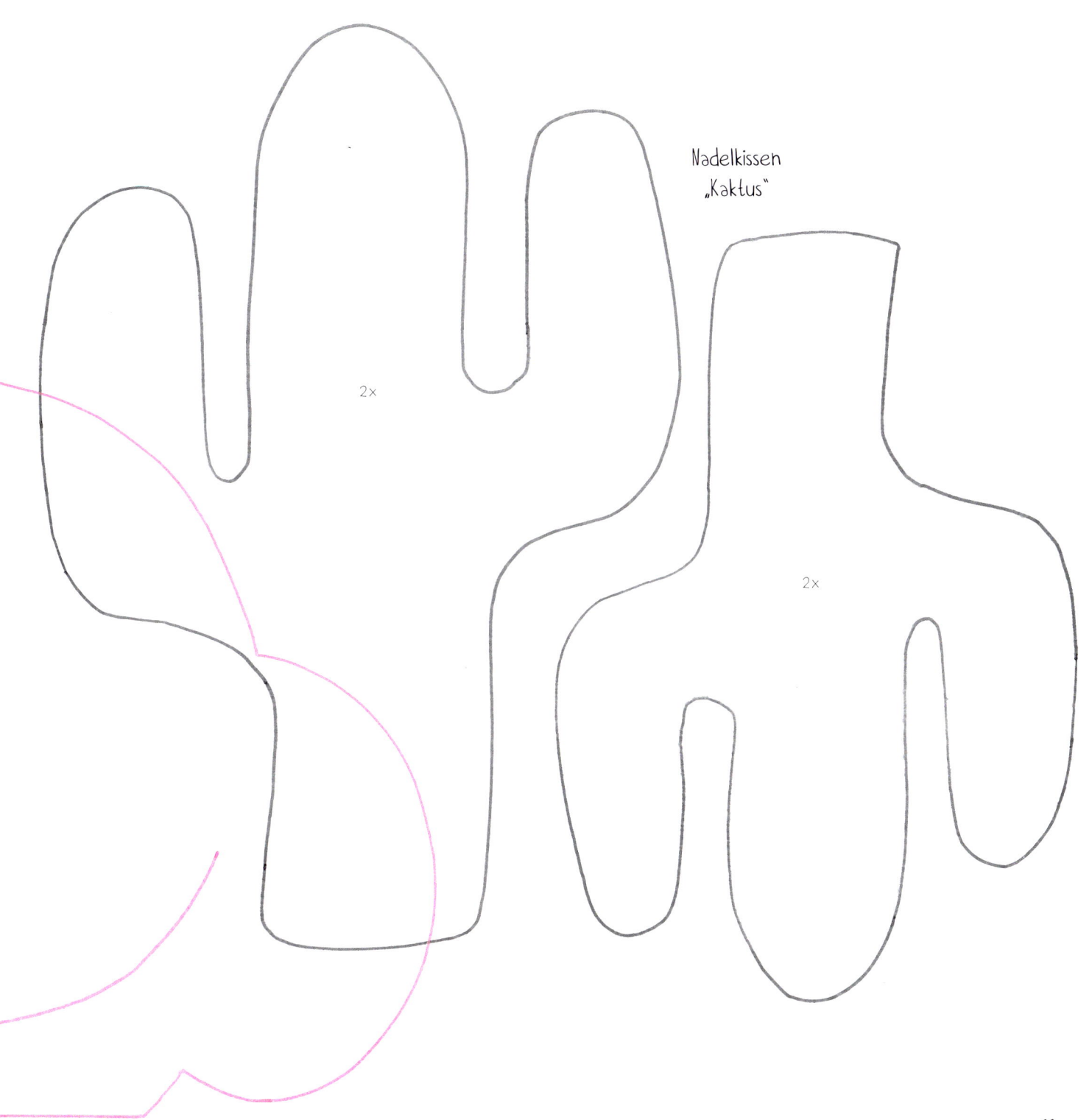

Nadelkissen
„Kaktus"

2x

2x

Impressum

Lektorat: Dr. Katrin Korch, Baden-Baden
Arbeitsfotos: Andrea Küssner-Neubert
Gesamtgestaltung, Satz und Illustrationen: GrafikwerkFreiburg
Repro RTK & SRS mediagroup GmbH
Printed in Turkey by Elma Basim

★★★★★

Sind Sie mit diesem Titel zufrieden? Dann würden wir uns über Ihre Weiterempfehlung freuen. Erzählen Sie es im Freundeskreis, berichten Sie Ihrem Buchhändler oder bewerten Sie beim Onlinekauf. Und wenn Sie Kritik, Korrekturen oder Aktualisierungen haben, freuen wir uns über Ihre Nachricht an Christophorus Verlag, Postfach 40 02 09, D-80702 München oder per E-Mail an lektorat@verlagshaus.de.

Unser komplettes Programm finden Sie unter

www.christophorus-verlag.de

Alle Angaben dieses Werkes wurden vom Autor sorgfältig recherchiert und auf den neuesten Stand gebracht sowie vom Verlag geprüft. Für die Richtigkeit der Angaben kann jedoch keine Haftung übernommen werden, weshalb die Nutzung auf eigene Gefahr erfolgt. Insbesondere bei GPS-Daten können Abweichungen nicht ausgeschlossen werden. Sollte dieses Werk Links auf Webseiten Dritter enthalten, so machen wir uns die Inhalte nicht zu eigen und übernehmen für die Inhalte keine Haftung.

In diesem Buch wird aus Gründen der besseren Lesbarkeit das generische Maskulinum verwendet. Weibliche und anderweitige Geschlechteridentitäten werden dabei ausdrücklich mitgemeint, soweit es für die Aussage erforderlich ist

Hersteller

• Rayher Hobby GmbH
• VBS Bastel Service GmbH
• OPITEC Handels GmbH
• buttinette-Textil-Versandhaus GmbH
• efco – creative emotions
• Avery Zweckform GmbH

Die Deutsche Nationalbibliothek verzeichnet diese Publikation in der Deutschen Nationalbibliografie; detaillierte bibliografische Daten sind im Internet über http://dnb.de abrufbar.

3. Auflage 2022
© 2022, 2020 Christophorus Verlag in der Christian Verlag GmbH
Infanteriestraße IIa
D-80797 München

ISBN 978-3-8410-6435-6

☏ Kreativ-Service

Sie haben Fragen zu den Büchern und Materialien? Frau Erika Noll ist für Sie da und berät Sie rund um alle Kreativthemen. Rufen Sie an! Wir interessieren uns auch für Ihre eigenen Ideen und Anregungen. Sie erreichen Frau Noll per E-Mail: **kreativ-service@c-verlag.de** oder **Tel.: +49 (89) 13 06 99 - 577.**

Besuchen Sie uns im Internet: www.christophorus-verlag.de & www.selbstgemacht.de